中华人民共和国企业国有资产法
企业国有资产监督管理暂行条例
企业国有资产交易监督管理办法
企业国有资产交易操作规则

中国法治出版社

中华人民共和国企业国有资产法
企业国有资产监督管理暂行条例
企业国有资产交易监督管理办法
企业国有资产交易操作规则
ZHONGHUA RENMIN GONGHEGUO QIYE GUOYOU ZICHANFA
QIYE GUOYOU ZICHAN JIANDU GUANLI ZANXING TIAOLI
QIYE GUOYOU ZICHAN JIAOYI JIANDU GUANLI BANFA
QIYE GUOYOU ZICHAN JIAOYI CAOZUO GUIZE

经销/新华书店
印刷/保定市中画美凯印刷有限公司
开本/850毫米×1168毫米　32开　　　　　印张/2.5　字数/34千
版次/2025年3月第1版　　　　　　　　　　2025年3月第1次印刷

中国法治出版社出版
书号 ISBN 978-7-5216-5162-1　　　　　　　定价：12.00元

北京市西城区西便门西里甲16号西便门办公区
邮政编码：100053　　　　　　　　　　　　传真：010-63141600
网址：http://www.zgfzs.com　　　　　　　 编辑部电话：010-63141673
市场营销部电话：010-63141612　　　　　　印务部电话：010-63141606

（如有印装质量问题，请与本社印务部联系。）

目　录

中华人民共和国企业国有资产法……………（1）
企业国有资产监督管理暂行条例……………（23）
企业国有资产交易监督管理办法……………（36）
企业国有资产交易操作规则…………………（56）

中华人民共和国企业国有资产法

（2008年10月28日第十一届全国人民代表大会常务委员会第五次会议通过 2008年10月28日中华人民共和国主席令第5号公布 自2009年5月1日起施行）

目 录

第一章 总　　则
第二章 履行出资人职责的机构
第三章 国家出资企业
第四章 国家出资企业管理者的选择与考核
第五章 关系国有资产出资人权益的重大事项
　第一节 一般规定
　第二节 企业改制
　第三节 与关联方的交易
　第四节 资产评估
　第五节 国有资产转让
第六章 国有资本经营预算

第七章　国有资产监督

第八章　法律责任

第九章　附　　则

第一章　总　　则

第一条　为了维护国家基本经济制度，巩固和发展国有经济，加强对国有资产的保护，发挥国有经济在国民经济中的主导作用，促进社会主义市场经济发展，制定本法。

第二条　本法所称企业国有资产（以下称国有资产），是指国家对企业各种形式的出资所形成的权益。

第三条　国有资产属于国家所有即全民所有。国务院代表国家行使国有资产所有权。

第四条　国务院和地方人民政府依照法律、行政法规的规定，分别代表国家对国家出资企业履行出资人职责，享有出资人权益。

国务院确定的关系国民经济命脉和国家安全的大型国家出资企业，重要基础设施和重要自然资源等领域的国家出资企业，由国务院代表国家履行出资人职责。其他的国家出资企业，由地方人民政府代表国家履行出资人职责。

第五条 本法所称国家出资企业，是指国家出资的国有独资企业、国有独资公司，以及国有资本控股公司、国有资本参股公司。

第六条 国务院和地方人民政府应当按照政企分开、社会公共管理职能与国有资产出资人职能分开、不干预企业依法自主经营的原则，依法履行出资人职责。

第七条 国家采取措施，推动国有资本向关系国民经济命脉和国家安全的重要行业和关键领域集中，优化国有经济布局和结构，推进国有企业的改革和发展，提高国有经济的整体素质，增强国有经济的控制力、影响力。

第八条 国家建立健全与社会主义市场经济发展要求相适应的国有资产管理与监督体制，建立健全国有资产保值增值考核和责任追究制度，落实国有资产保值增值责任。

第九条 国家建立健全国有资产基础管理制度。具体办法按照国务院的规定制定。

第十条 国有资产受法律保护，任何单位和个人不得侵害。

第二章 履行出资人职责的机构

第十一条 国务院国有资产监督管理机构和地方人

民政府按照国务院的规定设立的国有资产监督管理机构，根据本级人民政府的授权，代表本级人民政府对国家出资企业履行出资人职责。

国务院和地方人民政府根据需要，可以授权其他部门、机构代表本级人民政府对国家出资企业履行出资人职责。

代表本级人民政府履行出资人职责的机构、部门，以下统称履行出资人职责的机构。

第十二条 履行出资人职责的机构代表本级人民政府对国家出资企业依法享有资产收益、参与重大决策和选择管理者等出资人权利。

履行出资人职责的机构依照法律、行政法规的规定，制定或者参与制定国家出资企业的章程。

履行出资人职责的机构对法律、行政法规和本级人民政府规定须经本级人民政府批准的履行出资人职责的重大事项，应当报请本级人民政府批准。

第十三条 履行出资人职责的机构委派的股东代表参加国有资本控股公司、国有资本参股公司召开的股东会会议、股东大会会议，应当按照委派机构的指示提出提案、发表意见、行使表决权，并将其履行职责的情况和结果及时报告委派机构。

第十四条 履行出资人职责的机构应当依照法律、

行政法规以及企业章程履行出资人职责，保障出资人权益，防止国有资产损失。

履行出资人职责的机构应当维护企业作为市场主体依法享有的权利，除依法履行出资人职责外，不得干预企业经营活动。

第十五条　履行出资人职责的机构对本级人民政府负责，向本级人民政府报告履行出资人职责的情况，接受本级人民政府的监督和考核，对国有资产的保值增值负责。

履行出资人职责的机构应当按照国家有关规定，定期向本级人民政府报告有关国有资产总量、结构、变动、收益等汇总分析的情况。

第三章　国家出资企业

第十六条　国家出资企业对其动产、不动产和其他财产依照法律、行政法规以及企业章程享有占有、使用、收益和处分的权利。

国家出资企业依法享有的经营自主权和其他合法权益受法律保护。

第十七条　国家出资企业从事经营活动，应当遵守法律、行政法规，加强经营管理，提高经济效益，接受人民政府及其有关部门、机构依法实施的管理和监督，接受社会公众的监督，承担社会责任，对出资人负责。

国家出资企业应当依法建立和完善法人治理结构，建立健全内部监督管理和风险控制制度。

第十八条 国家出资企业应当依照法律、行政法规和国务院财政部门的规定，建立健全财务、会计制度，设置会计账簿，进行会计核算，依照法律、行政法规以及企业章程的规定向出资人提供真实、完整的财务、会计信息。

国家出资企业应当依照法律、行政法规以及企业章程的规定，向出资人分配利润。

第十九条 国有独资公司、国有资本控股公司和国有资本参股公司依照《中华人民共和国公司法》的规定设立监事会。国有独资企业由履行出资人职责的机构按照国务院的规定委派监事组成监事会。

国家出资企业的监事会依照法律、行政法规以及企业章程的规定，对董事、高级管理人员执行职务的行为进行监督，对企业财务进行监督检查。

第二十条 国家出资企业依照法律规定，通过职工代表大会或者其他形式，实行民主管理。

第二十一条 国家出资企业对其所出资企业依法

享有资产收益、参与重大决策和选择管理者等出资人权利。

国家出资企业对其所出资企业,应当依照法律、行政法规的规定,通过制定或者参与制定所出资企业的章程,建立权责明确、有效制衡的企业内部监督管理和风险控制制度,维护其出资人权益。

第四章　国家出资企业管理者的选择与考核

第二十二条　履行出资人职责的机构依照法律、行政法规以及企业章程的规定,任免或者建议任免国家出资企业的下列人员:

(一)任免国有独资企业的经理、副经理、财务负责人和其他高级管理人员;

(二)任免国有独资公司的董事长、副董事长、董事、监事会主席和监事;

(三)向国有资本控股公司、国有资本参股公司的股东会、股东大会提出董事、监事人选。

国家出资企业中应当由职工代表出任的董事、监事,依照有关法律、行政法规的规定由职工民主选举产生。

第二十三条　履行出资人职责的机构任命或者建议

任命的董事、监事、高级管理人员，应当具备下列条件：

（一）有良好的品行；

（二）有符合职位要求的专业知识和工作能力；

（三）有能够正常履行职责的身体条件；

（四）法律、行政法规规定的其他条件。

董事、监事、高级管理人员在任职期间出现不符合前款规定情形或者出现《中华人民共和国公司法》规定的不得担任公司董事、监事、高级管理人员情形的，履行出资人职责的机构应当依法予以免职或者提出免职建议。

第二十四条　履行出资人职责的机构对拟任命或者建议任命的董事、监事、高级管理人员的人选，应当按照规定的条件和程序进行考察。考察合格的，按照规定的权限和程序任命或者建议任命。

第二十五条　未经履行出资人职责的机构同意，国有独资企业、国有独资公司的董事、高级管理人员不得在其他企业兼职。未经股东会、股东大会同意，国有资本控股公司、国有资本参股公司的董事、高级管理人员不得在经营同类业务的其他企业兼职。

未经履行出资人职责的机构同意，国有独资公司的董事长不得兼任经理。未经股东会、股东大会同意，国有资本控股公司的董事长不得兼任经理。

董事、高级管理人员不得兼任监事。

第二十六条 国家出资企业的董事、监事、高级管理人员，应当遵守法律、行政法规以及企业章程，对企业负有忠实义务和勤勉义务，不得利用职权收受贿赂或者取得其他非法收入和不当利益，不得侵占、挪用企业资产，不得超越职权或者违反程序决定企业重大事项，不得有其他侵害国有资产出资人权益的行为。

第二十七条 国家建立国家出资企业管理者经营业绩考核制度。履行出资人职责的机构应当对其任命的企业管理者进行年度和任期考核，并依据考核结果决定对企业管理者的奖惩。

履行出资人职责的机构应当按照国家有关规定，确定其任命的国家出资企业管理者的薪酬标准。

第二十八条 国有独资企业、国有独资公司和国有资本控股公司的主要负责人，应当接受依法进行的任期经济责任审计。

第二十九条 本法第二十二条第一款第一项、第二项规定的企业管理者，国务院和地方人民政府规定由本级人民政府任免的，依照其规定。履行出资人职责的机构依照本章规定对上述企业管理者进行考核、奖惩并确定其薪酬标准。

第五章 关系国有资产出资人权益的重大事项

第一节 一般规定

第三十条 国家出资企业合并、分立、改制、上市，增加或者减少注册资本，发行债券，进行重大投资，为他人提供大额担保，转让重大财产，进行大额捐赠，分配利润，以及解散、申请破产等重大事项，应当遵守法律、行政法规以及企业章程的规定，不得损害出资人和债权人的权益。

第三十一条 国有独资企业、国有独资公司合并、分立，增加或者减少注册资本，发行债券，分配利润，以及解散、申请破产，由履行出资人职责的机构决定。

第三十二条 国有独资企业、国有独资公司有本法第三十条所列事项的，除依照本法第三十一条和有关法律、行政法规以及企业章程的规定，由履行出资人职责的机构决定的以外，国有独资企业由企业负责人集体讨论决定，国有独资公司由董事会决定。

第三十三条 国有资本控股公司、国有资本参股公司有本法第三十条所列事项的，依照法律、行政法规以及公司章程的规定，由公司股东会、股东大会或者董事会决定。由股东会、股东大会决定的，履行出资人职责的机构委派的股东代表应当依照本法第十三条的规定行使权利。

第三十四条 重要的国有独资企业、国有独资公司、国有资本控股公司的合并、分立、解散、申请破产以及法律、行政法规和本级人民政府规定应当由履行出资人职责的机构报经本级人民政府批准的重大事项，履行出资人职责的机构在作出决定或者向其委派参加国有资本控股公司股东会会议、股东大会会议的股东代表作出指示前，应当报请本级人民政府批准。

本法所称的重要的国有独资企业、国有独资公司和国有资本控股公司，按照国务院的规定确定。

第三十五条 国家出资企业发行债券、投资等事项，有关法律、行政法规规定应当报经人民政府或者人民政府有关部门、机构批准、核准或者备案的，依照其规定。

第三十六条 国家出资企业投资应当符合国家产业政策，并按照国家规定进行可行性研究；与他人交易应当公平、有偿，取得合理对价。

第三十七条 国家出资企业的合并、分立、改制、解散、申请破产等重大事项，应当听取企业工会的意见，并通过职工代表大会或者其他形式听取职工的意见和建议。

第三十八条 国有独资企业、国有独资公司、国有资本控股公司对其所出资企业的重大事项参照本章规定履行出资人职责。具体办法由国务院规定。

第二节 企业改制

第三十九条 本法所称企业改制是指：

（一）国有独资企业改为国有独资公司；

（二）国有独资企业、国有独资公司改为国有资本控股公司或者非国有资本控股公司；

（三）国有资本控股公司改为非国有资本控股公司。

第四十条 企业改制应当依照法定程序，由履行出资人职责的机构决定或者由公司股东会、股东大会决定。

重要的国有独资企业、国有独资公司、国有资本控股公司的改制，履行出资人职责的机构在作出决定或者向其委派参加国有资本控股公司股东会会议、股东大会会议的股东代表作出指示前，应当将改制方案报请本级人民政府批准。

第四十一条 企业改制应当制定改制方案，载明改制后的企业组织形式、企业资产和债权债务处理方案、股权变动方案、改制的操作程序、资产评估和财务审计等中介机构的选聘等事项。

企业改制涉及重新安置企业职工的,还应当制定职工安置方案,并经职工代表大会或者职工大会审议通过。

第四十二条 企业改制应当按照规定进行清产核资、财务审计、资产评估,准确界定和核实资产,客观、公正地确定资产的价值。

企业改制涉及以企业的实物、知识产权、土地使用权等非货币财产折算为国有资本出资或者股份的,应当按照规定对折价财产进行评估,以评估确认价格作为确定国有资本出资额或者股份数额的依据。不得将财产低价折股或者有其他损害出资人权益的行为。

第三节 与关联方的交易

第四十三条 国家出资企业的关联方不得利用与国家出资企业之间的交易,谋取不当利益,损害国家出资企业利益。

本法所称关联方,是指本企业的董事、监事、高级管理人员及其近亲属,以及这些人员所有或者实际控制的企业。

第四十四条 国有独资企业、国有独资公司、国有资本控股公司不得无偿向关联方提供资金、商品、服务或者其他资产,不得以不公平的价格与关联方进行交易。

第四十五条 未经履行出资人职责的机构同意,国有独资企业、国有独资公司不得有下列行为:

(一) 与关联方订立财产转让、借款的协议;

(二) 为关联方提供担保;

(三) 与关联方共同出资设立企业,或者向董事、监事、高级管理人员或者其近亲属所有或者实际控制的企业投资。

第四十六条 国有资本控股公司、国有资本参股公司与关联方的交易,依照《中华人民共和国公司法》和有关行政法规以及公司章程的规定,由公司股东会、股东大会或者董事会决定。由公司股东会、股东大会决定的,履行出资人职责的机构委派的股东代表,应当依照本法第十三条的规定行使权利。

公司董事会对公司与关联方的交易作出决议时,该交易涉及的董事不得行使表决权,也不得代理其他董事行使表决权。

第四节 资产评估

第四十七条 国有独资企业、国有独资公司和国有资本控股公司合并、分立、改制,转让重大财产,以非货币财产对外投资,清算或者有法律、行政法规以及企业章程规定应当进行资产评估的其他情形的,应当按照规定对有关资产进行评估。

第四十八条 国有独资企业、国有独资公司和国有资本控股公司应当委托依法设立的符合条件的资产评估机构进行资产评估；涉及应当报经履行出资人职责的机构决定的事项的，应当将委托资产评估机构的情况向履行出资人职责的机构报告。

第四十九条 国有独资企业、国有独资公司、国有资本控股公司及其董事、监事、高级管理人员应当向资产评估机构如实提供有关情况和资料，不得与资产评估机构串通评估作价。

第五十条 资产评估机构及其工作人员受托评估有关资产，应当遵守法律、行政法规以及评估执业准则，独立、客观、公正地对受托评估的资产进行评估。资产评估机构应当对其出具的评估报告负责。

第五节　国有资产转让

第五十一条 本法所称国有资产转让，是指依法将国家对企业的出资所形成的权益转移给其他单位或者个人的行为；按照国家规定无偿划转国有资产的除外。

第五十二条 国有资产转让应当有利于国有经济布局和结构的战略性调整，防止国有资产损失，不得损害交易各方的合法权益。

第五十三条 国有资产转让由履行出资人职责的机构决定。履行出资人职责的机构决定转让全部国有资产的，或者转让部分国有资产致使国家对该企业不再具有控股地位的，应当报请本级人民政府批准。

第五十四条 国有资产转让应当遵循等价有偿和公开、公平、公正的原则。

除按照国家规定可以直接协议转让的以外，国有资产转让应当在依法设立的产权交易场所公开进行。转让方应当如实披露有关信息，征集受让方；征集产生的受让方为两个以上的，转让应当采用公开竞价的交易方式。

转让上市交易的股份依照《中华人民共和国证券法》的规定进行。

第五十五条 国有资产转让应当以依法评估的、经履行出资人职责的机构认可或者由履行出资人职责的机构报经本级人民政府核准的价格为依据，合理确定最低转让价格。

第五十六条 法律、行政法规或者国务院国有资产监督管理机构规定可以向本企业的董事、监事、高级管理人员或者其近亲属，或者这些人员所有或者实际控制的企业转让的国有资产，在转让时，上述人员或者企业参与受让的，应当与其他受让参与者平等竞买；转让方应当按照国家有关规定，如实披露有关信息；相关的董事、监事和高级管理人员不得参与转让方案的制定和组织实施的各项工作。

第五十七条　国有资产向境外投资者转让的，应当遵守国家有关规定，不得危害国家安全和社会公共利益。

第六章　国有资本经营预算

第五十八条　国家建立健全国有资本经营预算制度，对取得的国有资本收入及其支出实行预算管理。

第五十九条　国家取得的下列国有资本收入，以及下列收入的支出，应当编制国有资本经营预算：

（一）从国家出资企业分得的利润；

（二）国有资产转让收入；

（三）从国家出资企业取得的清算收入；

（四）其他国有资本收入。

第六十条　国有资本经营预算按年度单独编制，纳入本级人民政府预算，报本级人民代表大会批准。

国有资本经营预算支出按照当年预算收入规模安排，不列赤字。

第六十一条　国务院和有关地方人民政府财政部门负责国有资本经营预算草案的编制工作，履行出资人职责的机构向财政部门提出由其履行出资人职责的国有资本经营预算建议草案。

第六十二条 国有资本经营预算管理的具体办法和实施步骤，由国务院规定，报全国人民代表大会常务委员会备案。

第七章 国有资产监督

第六十三条 各级人民代表大会常务委员会通过听取和审议本级人民政府履行出资人职责的情况和国有资产监督管理情况的专项工作报告，组织对本法实施情况的执法检查等，依法行使监督职权。

第六十四条 国务院和地方人民政府应当对其授权履行出资人职责的机构履行职责的情况进行监督。

第六十五条 国务院和地方人民政府审计机关依照《中华人民共和国审计法》的规定，对国有资本经营预算的执行情况和属于审计监督对象的国家出资企业进行审计监督。

第六十六条 国务院和地方人民政府应当依法向社会公布国有资产状况和国有资产监督管理工作情况，接受社会公众的监督。

任何单位和个人有权对造成国有资产损失的行为进

行检举和控告。

第六十七条 履行出资人职责的机构根据需要，可以委托会计师事务所对国有独资企业、国有独资公司的年度财务会计报告进行审计，或者通过国有资本控股公司的股东会、股东大会决议，由国有资本控股公司聘请会计师事务所对公司的年度财务会计报告进行审计，维护出资人权益。

第八章 法律责任

第六十八条 履行出资人职责的机构有下列行为之一的，对其直接负责的主管人员和其他直接责任人员依法给予处分：

（一）不按照法定的任职条件，任命或者建议任命国家出资企业管理者的；

（二）侵占、截留、挪用国家出资企业的资金或者应当上缴的国有资本收入的；

（三）违反法定的权限、程序，决定国家出资企业重大事项，造成国有资产损失的；

（四）有其他不依法履行出资人职责的行为，造成国有资产损失的。

第六十九条 履行出资人职责的机构的工作人员玩

忽职守、滥用职权、徇私舞弊，尚不构成犯罪的，依法给予处分。

第七十条 履行出资人职责的机构委派的股东代表未按照委派机构的指示履行职责，造成国有资产损失的，依法承担赔偿责任；属于国家工作人员的，并依法给予处分。

第七十一条 国家出资企业的董事、监事、高级管理人员有下列行为之一，造成国有资产损失的，依法承担赔偿责任；属于国家工作人员的，并依法给予处分：

（一）利用职权收受贿赂或者取得其他非法收入和不当利益的；

（二）侵占、挪用企业资产的；

（三）在企业改制、财产转让等过程中，违反法律、行政法规和公平交易规则，将企业财产低价转让、低价折股的；

（四）违反本法规定与本企业进行交易的；

（五）不如实向资产评估机构、会计师事务所提供有关情况和资料，或者与资产评估机构、会计师事务所串通出具虚假资产评估报告、审计报告的；

（六）违反法律、行政法规和企业章程规定的决策程序，决定企业重大事项的；

（七）有其他违反法律、行政法规和企业章程执行职务行为的。

国家出资企业的董事、监事、高级管理人员因前款所列行为取得的收入，依法予以追缴或者归国家出资企业所有。

履行出资人职责的机构任命或者建议任命的董事、监事、高级管理人员有本条第一款所列行为之一，造成国有资产重大损失的，由履行出资人职责的机构依法予以免职或者提出免职建议。

第七十二条 在涉及关联方交易、国有资产转让等交易活动中，当事人恶意串通，损害国有资产权益的，该交易行为无效。

第七十三条 国有独资企业、国有独资公司、国有资本控股公司的董事、监事、高级管理人员违反本法规定，造成国有资产重大损失，被免职的，自免职之日起五年内不得担任国有独资企业、国有独资公司、国有资本控股公司的董事、监事、高级管理人员；造成国有资产特别重大损失，或者因贪污、贿赂、侵占财产、挪用财产或者破坏社会主义市场经济秩序被判处刑罚的，终身不得担任国有独资企业、国有独资公司、国有资本控股公司的董事、监事、高级管理人员。

第七十四条 接受委托对国家出资企业进行资产评估、财务审计的资产评估机构、会计师事务所违反法律、行政法规的规定和执业准则，出具虚假的资产评估报告或者审计报告的，依照有关法律、行政法规的规定追究法律责任。

第七十五条 违反本法规定，构成犯罪的，依法追究刑事责任。

第九章 附 则

第七十六条 金融企业国有资产的管理与监督，法律、行政法规另有规定的，依照其规定。

第七十七条 本法自2009年5月1日起施行。

企业国有资产监督管理暂行条例

(2003年5月27日中华人民共和国国务院令第378号公布 根据2011年1月8日《国务院关于废止和修改部分行政法规的决定》第一次修订 根据2019年3月2日《国务院关于修改部分行政法规的决定》第二次修订)

第一章 总 则

第一条 为建立适应社会主义市场经济需要的国有资产监督管理体制,进一步搞好国有企业,推动国有经济布局和结构的战略性调整,发展和壮大国有经济,实现国有资产保值增值,制定本条例。

第二条 国有及国有控股企业、国有参股企业中的国有资产的监督管理,适用本条例。

金融机构中的国有资产的监督管理,不适用本条例。

第三条 本条例所称企业国有资产,是指国家对企业各种形式的投资和投资所形成的权益,以及依法认定为国家所有的其他权益。

第四条 企业国有资产属于国家所有。国家实行由国务院和地方人民政府分别代表国家履行出资人职责，享有所有者权益，权利、义务和责任相统一，管资产和管人、管事相结合的国有资产管理体制。

第五条 国务院代表国家对关系国民经济命脉和国家安全的大型国有及国有控股、国有参股企业，重要基础设施和重要自然资源等领域的国有及国有控股、国有参股企业，履行出资人职责。国务院履行出资人职责的企业，由国务院确定、公布。

省、自治区、直辖市人民政府和设区的市、自治州级人民政府分别代表国家对由国务院履行出资人职责以外的国有及国有控股、国有参股企业，履行出资人职责。其中，省、自治区、直辖市人民政府履行出资人职责的国有及国有控股、国有参股企业，由省、自治区、直辖市人民政府确定、公布，并报国务院国有资产监督管理机构备案；其他由设区的市、自治州级人民政府履行出资人职责的国有及国有控股、国有参股企业，由设区的市、自治州级人民政府确定、公布，并报省、自治区、直辖市人民政府国有资产监督管理机构备案。

国务院，省、自治区、直辖市人民政府，设区的市、自治州级人民政府履行出资人职责的企业，以下统称所出资企业。

第六条 国务院,省、自治区、直辖市人民政府,设区的市、自治州级人民政府,分别设立国有资产监督管理机构。国有资产监督管理机构根据授权,依法履行出资人职责,依法对企业国有资产进行监督管理。

企业国有资产较少的设区的市、自治州,经省、自治区、直辖市人民政府批准,可以不单独设立国有资产监督管理机构。

第七条 各级人民政府应当严格执行国有资产管理法律、法规,坚持政府的社会公共管理职能与国有资产出资人职能分开,坚持政企分开,实行所有权与经营权分离。

国有资产监督管理机构不行使政府的社会公共管理职能,政府其他机构、部门不履行企业国有资产出资人职责。

第八条 国有资产监督管理机构应当依照本条例和其他有关法律、行政法规的规定,建立健全内部监督制度,严格执行法律、行政法规。

第九条 发生战争、严重自然灾害或者其他重大、紧急情况时,国家可以依法统一调用、处置企业国有资产。

第十条 所出资企业及其投资设立的企业,享有有关法律、行政法规规定的企业经营自主权。

国有资产监督管理机构应当支持企业依法自主经营，除履行出资人职责以外，不得干预企业的生产经营活动。

第十一条 所出资企业应当努力提高经济效益，对其经营管理的企业国有资产承担保值增值责任。

所出资企业应当接受国有资产监督管理机构依法实施的监督管理，不得损害企业国有资产所有者和其他出资人的合法权益。

第二章 国有资产监督管理机构

第十二条 国务院国有资产监督管理机构是代表国务院履行出资人职责、负责监督管理企业国有资产的直属特设机构。

省、自治区、直辖市人民政府国有资产监督管理机构，设区的市、自治州级人民政府国有资产监督管理机构是代表本级政府履行出资人职责、负责监督管理企业国有资产的直属特设机构。

上级政府国有资产监督管理机构依法对下级政府的国有资产监督管理工作进行指导和监督。

第十三条 国有资产监督管理机构的主要职责是：

（一）依照《中华人民共和国公司法》等法律、法规，对所出资企业履行出资人职责，维护所有者权益；

（二）指导推进国有及国有控股企业的改革和重组；

（三）依照规定向所出资企业委派监事；

（四）依照法定程序对所出资企业的企业负责人进行任免、考核，并根据考核结果对其进行奖惩；

（五）通过统计、稽核等方式对企业国有资产的保值增值情况进行监管；

（六）履行出资人的其他职责和承办本级政府交办的其他事项。

国务院国有资产监督管理机构除前款规定职责外，可以制定企业国有资产监督管理的规章、制度。

第十四条 国有资产监督管理机构的主要义务是：

（一）推进国有资产合理流动和优化配置，推动国有经济布局和结构的调整；

（二）保持和提高关系国民经济命脉和国家安全领域国有经济的控制力和竞争力，提高国有经济的整体素质；

（三）探索有效的企业国有资产经营体制和方式，加强企业国有资产监督管理工作，促进企业国有资产保值增值，防止企业国有资产流失；

（四）指导和促进国有及国有控股企业建立现代企业制度，完善法人治理结构，推进管理现代化；

（五）尊重、维护国有及国有控股企业经营自主权，依法维护企业合法权益，促进企业依法经营管理，增强企业竞争力；

（六）指导和协调解决国有及国有控股企业改革与发展中的困难和问题。

第十五条　国有资产监督管理机构应当向本级政府报告企业国有资产监督管理工作、国有资产保值增值状况和其他重大事项。

第三章　企业负责人管理

第十六条　国有资产监督管理机构应当建立健全适应现代企业制度要求的企业负责人的选用机制和激励约束机制。

第十七条　国有资产监督管理机构依照有关规定，任免或者建议任免所出资企业的企业负责人：

（一）任免国有独资企业的总经理、副总经理、总会计师及其他企业负责人；

（二）任免国有独资公司的董事长、副董事长、董事，并向其提出总经理、副总经理、总会计师等的任免建议；

（三）依照公司章程，提出向国有控股的公司派出的董事、监事人选,推荐国有控股的公司的董事长、副董事长和监事会主席人选,并向其提出总经理、副总经理、总会计师人选的建议;

(四)依照公司章程,提出向国有参股的公司派出的董事、监事人选。

国务院,省、自治区、直辖市人民政府,设区的市、自治州级人民政府,对所出资企业的企业负责人的任免另有规定的,按照有关规定执行。

第十八条 国有资产监督管理机构应当建立企业负责人经营业绩考核制度,与其任命的企业负责人签订业绩合同,根据业绩合同对企业负责人进行年度考核和任期考核。

第十九条 国有资产监督管理机构应当依照有关规定,确定所出资企业中的国有独资企业、国有独资公司的企业负责人的薪酬;依据考核结果,决定其向所出资企业派出的企业负责人的奖惩。

第四章 企业重大事项管理

第二十条 国有资产监督管理机构负责指导国有及国有控股企业建立现代企业制度,审核批准其所出资企业中的国有独资企业、国有独资公司的重组、股份制改造方案和所出资企业中的国有独资公司的章程。

第二十一条 国有资产监督管理机构依照法定程序决定其所出资企业中的国有独资企业、国有独资公司的分立、合并、破产、解散、增减资本、发行公司债券等重大事项。其中,重要的国有独资企业、国有独资公司分立、合并、破产、解散的,应当由国有资产监督管理机构审核后,报本级人民政府批准。

国有资产监督管理机构依照法定程序审核、决定国防科技工业领域其所出资企业中的国有独资企业、国有独资公司的有关重大事项时,按照国家有关法律、规定执行。

第二十二条 国有资产监督管理机构依照公司法的规定,派出股东代表、董事,参加国有控股的公司、国有参股的公司的股东会、董事会。

国有控股的公司、国有参股的公司的股东会、董事会决定公司的分立、合并、破产、解散、增减资本、发行公司债券、任免企业负责人等重大事项时,国有资产监督管理机构派出的股东代表、董事,应当按照国有资产监督管理机构的指示发表意见、行使表决权。

国有资产监督管理机构派出的股东代表、董事,应当将其履行职责的有关情况及时向国有资产监督管理机构报告。

第二十三条 国有资产监督管理机构决定其所出资企业的国有股权转让。其中，转让全部国有股权或者转让部分国有股权致使国家不再拥有控股地位的，报本级人民政府批准。

第二十四条 所出资企业投资设立的重要子企业的重大事项，需由所出资企业报国有资产监督管理机构批准的，管理办法由国务院国有资产监督管理机构另行制定，报国务院批准。

第二十五条 国有资产监督管理机构依照国家有关规定组织协调所出资企业中的国有独资企业、国有独资公司的兼并破产工作，并配合有关部门做好企业下岗职工安置等工作。

第二十六条 国有资产监督管理机构依照国家有关规定拟订所出资企业收入分配制度改革的指导意见，调控所出资企业工资分配的总体水平。

第二十七条 国有资产监督管理机构可以对所出资企业中具备条件的国有独资企业、国有独资公司进行国有资产授权经营。

被授权的国有独资企业、国有独资公司对其全资、控股、参股企业中国家投资形成的国有资产依法进行经营、管理和监督。

第二十八条 被授权的国有独资企业、国有独资公司应当建立和完善规范的现代企业制度，并承担企业国有资产的保值增值责任。

第五章　企业国有资产管理

第二十九条　国有资产监督管理机构依照国家有关规定，负责企业国有资产的产权界定、产权登记、资产评估监管、清产核资、资产统计、综合评价等基础管理工作。

国有资产监督管理机构协调其所出资企业之间的企业国有资产产权纠纷。

第三十条　国有资产监督管理机构应当建立企业国有资产产权交易监督管理制度，加强企业国有资产产权交易的监督管理，促进企业国有资产的合理流动，防止企业国有资产流失。

第三十一条　国有资产监督管理机构对其所出资企业的企业国有资产收益依法履行出资人职责；对其所出资企业的重大投融资规划、发展战略和规划，依照国家发展规划和产业政策履行出资人职责。

第三十二条　所出资企业中的国有独资企业、国有独资公司的重大资产处置，需由国有资产监督管理机构批准的，依照有关规定执行。

第六章 企业国有资产监督

第三十三条 国有资产监督管理机构依法对所出资企业财务进行监督，建立和完善国有资产保值增值指标体系，维护国有资产出资人的权益。

第三十四条 国有及国有控股企业应当加强内部监督和风险控制，依照国家有关规定建立健全财务、审计、企业法律顾问和职工民主监督等制度。

第三十五条 所出资企业中的国有独资企业、国有独资公司应当按照规定定期向国有资产监督管理机构报告财务状况、生产经营状况和国有资产保值增值状况。

第七章 法律责任

第三十六条 国有资产监督管理机构不按规定任免或者建议任免所出资企业的企业负责人，或者违法干预所出资企业的生产经营活动，侵犯其合法权益，造成企业国有资产损失或者其他严重后果的，对直接负责的主管人员和其他直接责任人员依法给予行政处分；构成犯罪的，依法追究刑事责任。

第三十七条 所出资企业中的国有独资企业、国有独资公司未按照规定向国有资产监督管理机构报告财务状况、生产经营状况和国有资产保值增值状况的，予以警告；情节严重的，对直接负责的主管人员和其他直接责任人员依法给予纪律处分。

第三十八条　国有及国有控股企业的企业负责人滥用职权、玩忽职守，造成企业国有资产损失的，应负赔偿责任，并对其依法给予纪律处分；构成犯罪的，依法追究刑事责任。

第三十九条　对企业国有资产损失负有责任受到撤职以上纪律处分的国有及国有控股企业的企业负责人，5年内不得担任任何国有及国有控股企业的企业负责人；造成企业国有资产重大损失或者被判处刑罚的，终身不得担任任何国有及国有控股企业的企业负责人。

第八章　附　　则

第四十条　国有及国有控股企业、国有参股企业的组织形式、组织机构、权利和义务等，依照《中华人民共和国公司法》等法律、行政法规和本条例的规定执行。

第四十一条　国有及国有控股企业、国有参股企业中中国共产党基层组织建设、社会主义精神文明建设和党风廉政建设，依照《中国共产党章程》和有关规定执行。

国有及国有控股企业、国有参股企业中工会组织依照《中华人民共和国工会法》和《中国工会章程》的有关规定执行。

第四十二条 国务院国有资产监督管理机构,省、自治区、直辖市人民政府可以依据本条例制定实施办法。

第四十三条 本条例施行前制定的有关企业国有资产监督管理的行政法规与本条例不一致的,依照本条例的规定执行。

第四十四条 政企尚未分开的单位,应当按照国务院的规定,加快改革,实现政企分开。政企分开后的企业,由国有资产监督管理机构依法履行出资人职责,依法对企业国有资产进行监督管理。

第四十五条 本条例自公布之日起施行。

企业国有资产交易监督管理办法

(2016年6月24日国务院国有资产监督管理委员会、财政部令第32号公布 自公布之日起施行)

第一章 总 则

第一条 为规范企业国有资产交易行为,加强企业国有资产交易监督管理,防止国有资产流失,根据《中华人民共和国企业国有资产法》、《中华人民共和国公司法》、《企业国有资产监督管理暂行条例》等有关法律法规,制定本办法。

第二条 企业国有资产交易应当遵守国家法律法规和政策规定,有利于国有经济布局和结构调整优化,充分发挥市场配置资源作用,遵循等价有偿和公开公平公正的原则,在依法设立的产权交易机构中公开进行,国家法律法规另有规定的从其规定。

第三条 本办法所称企业国有资产交易行为包括:

(一)履行出资人职责的机构、国有及国有控股企业、国有实际控制企业转让其对企业各种形式出资所形成权益的行为（以下称企业产权转让）；

（二）国有及国有控股企业、国有实际控制企业增加资本的行为（以下称企业增资），政府以增加资本金方式对国家出资企业的投入除外；

（三）国有及国有控股企业、国有实际控制企业的重大资产转让行为（以下称企业资产转让）。

第四条 本办法所称国有及国有控股企业、国有实际控制企业包括：

（一）政府部门、机构、事业单位出资设立的国有独资企业（公司），以及上述单位、企业直接或间接合计持股为100%的国有全资企业；

（二）本条第（一）款所列单位、企业单独或共同出资，合计拥有产（股）权比例超过50%，且其中之一为最大股东的企业；

（三）本条第（一）、（二）款所列企业对外出资，拥有股权比例超过50%的各级子企业；

（四）政府部门、机构、事业单位、单一国有及国有控股企业直接或间接持股比例未超过50%，但为第一大股东，并且通过股东协议、公司章程、董事会决议或者其他协议安排能够对其实际支配的企业。

第五条 企业国有资产交易标的应当权属清晰，不存在法律法规禁止或限制交易的情形。已设定担保物权的国有资产交易，应当符合《中华人民共和国物权法》、《中华人民共和国担保法》等有关法律法规规定。涉及政府社会公共管理事项的，应当依法报政府有关部门审核。

第六条　国有资产监督管理机构（以下简称国资监管机构）负责所监管企业的国有资产交易监督管理；国家出资企业负责其各级子企业国有资产交易的管理，定期向同级国资监管机构报告本企业的国有资产交易情况。

第二章　企业产权转让

第七条　国资监管机构负责审核国家出资企业的产权转让事项。其中，因产权转让致使国家不再拥有所出资企业控股权的，须由国资监管机构报本级人民政府批准。

第八条　国家出资企业应当制定其子企业产权转让管理制度，确定审批管理权限。其中，对主业处于关系国家安全、国民经济命脉的重要行业和关键领域，主要承担重大专项任务子企业的产权转让，须由国家出资企业报同级国资监管机构批准。

转让方为多家国有股东共同持股的企业，由其中持股比例最大的国有股东负责履行相关批准程序；各国有股东持股比例相同的，由相关股东协商后确定其中一家股东负责履行相关批准程序。

第九条 产权转让应当由转让方按照企业章程和企业内部管理制度进行决策，形成书面决议。国有控股和国有实际控制企业中国有股东委派的股东代表，应当按照本办法规定和委派单位的指示发表意见、行使表决权，并将履职情况和结果及时报告委派单位。

第十条 转让方应当按照企业发展战略做好产权转让的可行性研究和方案论证。产权转让涉及职工安置事项的，安置方案应当经职工代表大会或职工大会审议通过；涉及债权债务处置事项的，应当符合国家相关法律法规的规定。

第十一条 产权转让事项经批准后，由转让方委托会计师事务所对转让标的企业进行审计。涉及参股权转让不宜单独进行专项审计的，转让方应当取得转让标的企业最近一期年度审计报告。

第十二条 对按照有关法律法规要求必须进行资产评估的产权转让事项，转让方应当委托具有相应资质的评估机构对转让标的进行资产评估，产权转让价格应以经核准或备案的评估结果为基础确定。

第十三条 产权转让原则上通过产权市场公开进

行。转让方可以根据企业实际情况和工作进度安排，采取信息预披露和正式披露相结合的方式，通过产权交易机构网站分阶段对外披露产权转让信息，公开征集受让方。其中正式披露信息时间不得少于20个工作日。

因产权转让导致转让标的企业的实际控制权发生转移的，转让方应当在转让行为获批后10个工作日内，通过产权交易机构进行信息预披露，时间不得少于20个工作日。

第十四条 产权转让原则上不得针对受让方设置资格条件，确需设置的，不得有明确指向性或违反公平竞争原则，所设资格条件相关内容应当在信息披露前报同级国资监管机构备案，国资监管机构在5个工作日内未反馈意见的视为同意。

第十五条 转让方披露信息包括但不限于以下内容：

（一）转让标的基本情况；

（二）转让标的企业的股东结构；

（三）产权转让行为的决策及批准情况；

（四）转让标的企业最近一个年度审计报告和最近一期财务报表中的主要财务指标数据，包括但不限于资产总额、负债总额、所有者权益、营业收入、净利润等（转让参股权的，披露最近一个年度审计报告中的相应数据）；

（五）受让方资格条件（适用于对受让方有特殊要求的情形）；

（六）交易条件、转让底价；

（七）企业管理层是否参与受让，有限责任公司原股东是否放弃优先受让权；

（八）竞价方式，受让方选择的相关评判标准；

（九）其他需要披露的事项。

其中信息预披露应当包括但不限于以上（一）、（二）、（三）、（四）、（五）款内容。

第十六条　转让方应当按照要求向产权交易机构提供披露信息内容的纸质文档材料，并对披露内容和所提供材料的真实性、完整性、准确性负责。产权交易机构应当对信息披露的规范性负责。

第十七条　产权转让项目首次正式信息披露的转让底价，不得低于经核准或备案的转让标的评估结果。

第十八条　信息披露期满未征集到意向受让方的，可以延期或在降低转让底价、变更受让条件后重新进行信息披露。

降低转让底价或变更受让条件后重新披露信息的，披露时间不得少于20个工作日。新的转让底价低于评估结果的90%时，应当经转让行为批准单位书面同意。

第十九条　转让项目自首次正式披露信息之日起超

过12个月未征集到合格受让方的,应当重新履行审计、资产评估以及信息披露等产权转让工作程序。

第二十条 在正式披露信息期间,转让方不得变更产权转让公告中公布的内容,由于非转让方原因或其他不可抗力因素导致可能对转让标的价值判断造成影响的,转让方应当及时调整补充披露信息内容,并相应延长信息披露时间。

第二十一条 产权交易机构负责意向受让方的登记工作,对意向受让方是否符合受让条件提出意见并反馈转让方。产权交易机构与转让方意见不一致的,由转让行为批准单位决定意向受让方是否符合受让条件。

第二十二条 产权转让信息披露期满、产生符合条件的意向受让方的,按照披露的竞价方式组织竞价。竞价可以采取拍卖、招投标、网络竞价以及其他竞价方式,且不得违反国家法律法规的规定。

第二十三条 受让方确定后,转让方与受让方应当签订产权交易合同,交易双方不得以交易期间企业经营性损益等理由对已达成的交易条件和交易价格进行调整。

第二十四条 产权转让导致国有股东持有上市公司股份间接转让的,应当同时遵守上市公司国有股权管理以及证券监管相关规定。

第二十五条 企业产权转让涉及交易主体资格审

查、反垄断审查、特许经营权、国有划拨土地使用权、探矿权和采矿权等政府审批事项的，按照相关规定执行。

第二十六条 受让方为境外投资者的，应当符合外商投资产业指导目录和负面清单管理要求，以及外商投资安全审查有关规定。

第二十七条 交易价款应当以人民币计价，通过产权交易机构以货币进行结算。因特殊情况不能通过产权交易机构结算的，转让方应当向产权交易机构提供转让行为批准单位的书面意见以及受让方付款凭证。

第二十八条 交易价款原则上应当自合同生效之日起5个工作日内一次付清。

金额较大、一次付清确有困难的，可以采取分期付款方式。采用分期付款方式的，首期付款不得低于总价款的30%，并在合同生效之日起5个工作日内支付；其余款项应当提供转让方认可的合法有效担保，并按同期银行贷款利率支付延期付款期间的利息，付款期限不得超过1年。

第二十九条 产权交易合同生效后，产权交易机构应当将交易结果通过交易机构网站对外公告，公告内容包括交易标的名称、转让标的评估结果、转让底价、交易价格，公告期不少于5个工作日。

第三十条 产权交易合同生效，并且受让方按照合同约定支付交易价款后,产权交易机构应当及时为交易双方出具交易凭证。

第三十一条 以下情形的产权转让可以采取非公开协议转让方式:

(一)涉及主业处于关系国家安全、国民经济命脉的重要行业和关键领域企业的重组整合,对受让方有特殊要求,企业产权需要在国有及国有控股企业之间转让的,经国资监管机构批准,可以采取非公开协议转让方式;

(二)同一国家出资企业及其各级控股企业或实际控制企业之间因实施内部重组整合进行产权转让的,经该国家出资企业审议决策,可以采取非公开协议转让方式。

第三十二条 采取非公开协议转让方式转让企业产权,转让价格不得低于经核准或备案的评估结果。

以下情形按照《中华人民共和国公司法》、企业章程履行决策程序后,转让价格可以资产评估报告或最近一期审计报告确认的净资产值为基础确定,且不得低于经评估或审计的净资产值:

(一)同一国家出资企业内部实施重组整合,转让方和受让方为该国家出资企业及其直接或间接全资拥有的子企业;

(二)同一国有控股企业或国有实际控制企业内部实施重组整合,转让方和受让方为该国有控股企业或国有实际控制企业及其直接、间接全资拥有的子企业。

第三十三条 国资监管机构批准、国家出资企业审议决策采取非公开协议方式的企业产权转让行为时，应当审核下列文件：

（一）产权转让的有关决议文件；

（二）产权转让方案；

（三）采取非公开协议方式转让产权的必要性以及受让方情况；

（四）转让标的企业审计报告、资产评估报告及其核准或备案文件。其中属于第三十二条（一）、（二）款情形的，可以仅提供企业审计报告；

（五）产权转让协议；

（六）转让方、受让方和转让标的企业的国家出资企业产权登记表（证）；

（七）产权转让行为的法律意见书；

（八）其他必要的文件。

第三章 企业增资

第三十四条 国资监管机构负责审核国家出资企业的增资行为。其中，因增资致使国家不再拥有所出资企业控股权的，须由国资监管机构报本级人民政府批准。

第三十五条　国家出资企业决定其子企业的增资行为。其中，对主业处于关系国家安全、国民经济命脉的重要行业和关键领域，主要承担重大专项任务的子企业的增资行为，须由国家出资企业报同级国资监管机构批准。

增资企业为多家国有股东共同持股的企业，由其中持股比例最大的国有股东负责履行相关批准程序；各国有股东持股比例相同的，由相关股东协商后确定其中一家股东负责履行相关批准程序。

第三十六条　企业增资应当符合国家出资企业的发展战略，做好可行性研究，制定增资方案，明确募集资金金额、用途、投资方应具备的条件、选择标准和遴选方式等。增资后企业的股东数量须符合国家相关法律法规的规定。

第三十七条　企业增资应当由增资企业按照企业章程和内部管理制度进行决策，形成书面决议。国有控股、国有实际控制企业中国有股东委派的股东代表，应当按照本办法规定和委派单位的指示发表意见、行使表决权，并将履职情况和结果及时报告委派单位。

第三十八条　企业增资在完成决策批准程序后，应当由增资企业委托具有相应资质的中介机构开展审计和资产评估。

以下情形按照《中华人民共和国公司法》、企业章程履行决策程序后,可以依据评估报告或最近一期审计报告确定企业资本及股权比例:

(一)增资企业原股东同比例增资的;

(二)履行出资人职责的机构对国家出资企业增资的;

(三)国有控股或国有实际控制企业对其独资子企业增资的;

(四)增资企业和投资方均为国有独资或国有全资企业的。

第三十九条 企业增资通过产权交易机构网站对外披露信息公开征集投资方,时间不得少于40个工作日。信息披露内容包括但不限于:

(一)企业的基本情况;

(二)企业目前的股权结构;

(三)企业增资行为的决策及批准情况;

(四)近三年企业审计报告中的主要财务指标;

(五)企业拟募集资金金额和增资后的企业股权结构;

(六)募集资金用途;

(七)投资方的资格条件,以及投资金额和持股比例要求等;

(八)投资方的遴选方式;

(九)增资终止的条件;

（十）其他需要披露的事项。

第四十条　企业增资涉及上市公司实际控制人发生变更的，应当同时遵守上市公司国有股权管理以及证券监管相关规定。

第四十一条　产权交易机构接受增资企业的委托提供项目推介服务，负责意向投资方的登记工作，协助企业开展投资方资格审查。

第四十二条　通过资格审查的意向投资方数量较多时，可以采用竞价、竞争性谈判、综合评议等方式进行多轮次遴选。产权交易机构负责统一接收意向投资方的投标和报价文件，协助企业开展投资方遴选有关工作。企业董事会或股东会以资产评估结果为基础，结合意向投资方的条件和报价等因素审议选定投资方。

第四十三条　投资方以非货币资产出资的，应当经增资企业董事会或股东会审议同意，并委托具有相应资质的评估机构进行评估，确认投资方的出资金额。

第四十四条　增资协议签订并生效后，产权交易机构应当出具交易凭证，通过交易机构网站对外公告结果，公告内容包括投资方名称、投资金额、持股比例等，公告期不少于5个工作日。

第四十五条　以下情形经同级国资监管机构批准，可以采取非公开协议方式进行增资：

（一）因国有资本布局结构调整需要，由特定的国有及国有控股企业或国有实际控制企业参与增资；

（二）因国家出资企业与特定投资方建立战略合作伙伴或利益共同体需要，由该投资方参与国家出资企业或其子企业增资。

第四十六条 以下情形经国家出资企业审议决策，可以采取非公开协议方式进行增资：

（一）国家出资企业直接或指定其控股、实际控制的其他子企业参与增资；

（二）企业债权转为股权；

（三）企业原股东增资。

第四十七条 国资监管机构批准、国家出资企业审议决策采取非公开协议方式的企业增资行为时，应当审核下列文件：

（一）增资的有关决议文件；

（二）增资方案；

（三）采取非公开协议方式增资的必要性以及投资方情况；

（四）增资企业审计报告、资产评估报告及其核准或备案文件。其中属于第三十八条（一）、（二）、（三）、（四）款情形的，可以仅提供企业审计报告；

（五）增资协议；

（六）增资企业的国家出资企业产权登记表（证）；

（七）增资行为的法律意见书；

（八）其他必要的文件。

第四章 企业资产转让

第四十八条 企业一定金额以上的生产设备、房产、在建工程以及土地使用权、债权、知识产权等资产对外转让，应当按照企业内部管理制度履行相应决策程序后，在产权交易机构公开进行。涉及国家出资企业内部或特定行业的资产转让，确需在国有及国有控股、国有实际控制企业之间非公开转让的，由转让方逐级报国家出资企业审核批准。

第四十九条 国家出资企业负责制定本企业不同类型资产转让行为的内部管理制度，明确责任部门、管理权限、决策程序、工作流程，对其中应当在产权交易机构公开转让的资产种类、金额标准等作出具体规定，并报同级国资监管机构备案。

第五十条 转让方应当根据转让标的情况合理确定转让底价和转让信息公告期：

（一）转让底价高于100万元、低于1000万元的资产转让项目，信息公告期应不少于10个工作日；

（二）转让底价高于1000万元的资产转让项目，信息公告期应不少于20个工作日。

企业资产转让的具体工作流程参照本办法关于企业产权转让的规定执行。

第五十一条 除国家法律法规或相关规定另有要求的外，资产转让不得对受让方设置资格条件。

第五十二条 资产转让价款原则上一次性付清。

第五章 监督管理

第五十三条 国资监管机构及其他履行出资人职责的机构对企业国有资产交易履行以下监管职责：

（一）根据国家有关法律法规，制定企业国有资产交易监管制度和办法；

（二）按照本办法规定，审核批准企业产权转让、增资等事项；

（三）选择从事企业国有资产交易业务的产权交易机构，并建立对交易机构的检查评审机制；

（四）对企业国有资产交易制度的贯彻落实情况进行监督检查；

（五）负责企业国有资产交易信息的收集、汇总、分析和上报工作；

（六）履行本级人民政府赋予的其他监管职责。

第五十四条 省级以上国资监管机构应当在全国范围选择开展企业国有资产交易业务的产权交易机构，并对外公布名单。选择的产权交易机构应当满足以下条件：

（一）严格遵守国家法律法规，未从事政府明令禁止开展的业务，未发生重大违法违规行为；

（二）交易管理制度、业务规则、收费标准等向社会公开，交易规则符合国有资产交易制度规定；

（三）拥有组织交易活动的场所、设施、信息发布渠道和专业人员，具备实施网络竞价的条件；

（四）具有较强的市场影响力，服务能力和水平能够满足企业国有资产交易的需要；

（五）信息化建设和管理水平满足国资监管机构对交易业务动态监测的要求；

（六）相关交易业务接受国资监管机构的监督检查。

第五十五条 国资监管机构应当对产权交易机构开展企业国有资产交易业务的情况进行动态监督。交易机构出现以下情形的，视情节轻重对其进行提醒、警告、通报、暂停直至停止委托从事相关业务：

（一）服务能力和服务水平较差，市场功能未得到充分发挥；

（二）在日常监管和定期检查评审中发现问题较多，

且整改不及时或整改效果不明显；

（三）因违规操作、重大过失等导致企业国有资产在交易过程中出现损失；

（四）违反相关规定，被政府有关部门予以行政处罚而影响业务开展；

（五）拒绝接受国资监管机构对其相关业务开展监督检查；

（六）不能满足国资监管机构监管要求的其他情形。

第五十六条 国资监管机构发现转让方或增资企业未执行或违反相关规定、侵害国有权益的，应当责成其停止交易活动。

第五十七条 国资监管机构及其他履行出资人职责的机构应定期对国家出资企业及其控股和实际控制企业的国有资产交易情况进行检查和抽查，重点检查国家法律法规政策和企业内部管理制度的贯彻执行情况。

第六章 法律责任

第五十八条 企业国有资产交易过程中交易双方发生争议时，当事方可以向产权交易机构申请调解；调解无效时可以按照约定向仲裁机构申请仲裁或向人民法院提起诉讼。

第五十九条　企业国有资产交易应当严格执行"三重一大"决策机制。国资监管机构、国有及国有控股企业、国有实际控制企业的有关人员违反规定越权决策、批准相关交易事项，或者玩忽职守、以权谋私致使国有权益受到侵害的，由有关单位按照人事和干部管理权限给予相关责任人员相应处分；造成国有资产损失的，相关责任人员应当承担赔偿责任；构成犯罪的，依法追究其刑事责任。

第六十条　社会中介机构在为企业国有资产交易提供审计、资产评估和法律服务中存在违规执业行为的，有关国有企业应及时报告同级国资监管机构，国资监管机构可要求国有及国有控股企业、国有实际控制企业不得再委托其开展相关业务；情节严重的，由国资监管机构将有关情况通报其行业主管部门，建议给予其相应处罚。

第六十一条　产权交易机构在企业国有资产交易中弄虚作假或者玩忽职守、给企业造成损失的，应当承担赔偿责任，并依法追究直接责任人员的责任。

第七章　附　则

第六十二条　政府部门、机构、事业单位持有的企业国有资产交易，按照现行监管体制，比照本办法管理。

第六十三条 金融、文化类国家出资企业的国有资产交易和上市公司的国有股权转让等行为，国家另有规定的，依照其规定。

第六十四条 国有资本投资、运营公司对各级子企业资产交易的监督管理，相应由各级人民政府或国资监管机构另行授权。

第六十五条 境外国有及国有控股企业、国有实际控制企业在境内投资企业的资产交易，比照本办法规定执行。

第六十六条 政府设立的各类股权投资基金投资形成企业产（股）权对外转让，按照有关法律法规规定执行。

第六十七条 本办法自发布之日起施行，现行企业国有资产交易监管相关规定与本办法不一致的，以本办法为准。

企业国有资产交易操作规则

(2025年2月18日 国资发产权规〔2025〕17号)

第一章 总 则

第一条 为进一步规范企业国有资产交易行为,根据《中华人民共和国企业国有资产法》《企业国有资产监督管理暂行条例》《企业国有资产交易监督管理办法》(以下简称《办法》)等有关规定,制定本规则。

第二条 在依法设立的产权交易机构公开进行的企业国有资产交易行为,适用本规则。

第三条 企业国有资产交易应当遵循等价有偿和公开、公平、公正的原则,接受国有资产监督管理机构(以下简称国资监管机构)的监督。

第四条 产权交易机构应当按照本规则组织企业国有资产交易活动,维护交易秩序,保障企业国有资产交易活动有序进行。

第二章　企业产权转让

第一节　转让决策与批准

第五条　转让方应当对产权转让的必要性和可行性进行研究，制定产权转让方案，按照企业章程和相关管理制度履行内部决策程序，并形成书面决议。

第六条　产权转让方案应当包括：
（一）转让标的基本情况；
（二）企业产权转让的必要性、可行性；
（三）是否涉及职工安置及相关安排；
（四）标的企业涉及的债权、债务等处理安排；
（五）定价依据、价款支付方式和期限要求等交易条件；
（六）其他相关内容。

第七条　转让方履行内部决策程序后，应当按照《办法》第七条、第八条相关规定履行批准程序。

第八条　转让方应当委托具有相应资质的中介机构开展标的企业审计和资产评估，并完成资产评估核准或备案程序。

第二节 信息披露

第九条 转让方根据企业实际情况和工作进度安排，通过产权交易机构网站对外披露产权转让信息，公开征集受让方。因产权转让导致转让标的企业的实际控制权发生转移的，应当进行信息预披露。转让方可以在履行内部决策程序后进行信息预披露。

第十条 转让方应当向产权交易机构提交信息披露公告所需相关材料。产权交易机构应当对转让方提交的材料进行完整性与规范性审核。符合信息披露要求的，产权交易机构依据转让方提交的材料对外发布公告。不符合要求的，产权交易机构应当告知转让方进行调整。

第十一条 转让方除按照《办法》第十五条相关规定披露信息外，正式信息披露公告中还应当就转让标的在评估基准日后发生的重大事项、交易保证金交纳要求等内容进行披露。涉及交纳交易保证金的，金额一般不超过转让底价的30%。

第十二条 转让方应当明确信息披露公告的期限。正式披露公告时间不少于20个工作日。应当进行信息预披露的，公告时间不少于20个工作日。

第十三条 产权转让项目首次正式披露公告的转让底价，不得低于经核准或备案的转让标的评估结果。

第十四条 正式披露公告期间，转让方不得擅自变更公告内容。因特殊原因确需变更的，应当由转让行为批准单位出具文件。公告内容变更后，公告时间重新计算。

第十五条 正式披露公告期间，因非转让方原因或其他不可抗力因素可能对转让标的价值判断造成影响的，转让方应当及时调整补充披露信息内容。补充公告时间不少于10个工作日，累计披露时间不少于原公告要求的期限。

第十六条 正式披露公告期满未征集到意向受让方，且不变更公告内容的，转让方可以按照公告要求延长公告时间，每次延长时间不少于5个工作日。未在公告中明确延长时间的，公告到期自行终结。仅变更转让底价的，公告时间不少于5个工作日。转让方应当结合标的企业情况、市场行情等因素以阶梯降价的方式降价。新的转让底价低于评估结果的90%时，转让底价及后续降价幅度（比例或金额）等应当经转让行为批准单位批准。

第十七条 产权转让项目首次正式披露公告之日起超过12个月未征集到合格意向受让方的，转让方应当重新履行审计、资产评估等工作程序后，再发布正式披露公告。

第三节 意向受让方确认

第十八条 意向受让方应当在正式披露公告期限内,向产权交易机构提出受让申请并提交相关材料。产权交易机构应当对意向受让方逐一进行登记。

第十九条 意向受让方可以到产权交易机构查阅公告内容的相应材料。

第二十条 产权交易机构应当对意向受让方提交的材料进行完整性与规范性审核,并在正式披露公告期满5个工作日内,将意向受让方的登记及确认情况书面告知转让方。

第二十一条 转让方应当在收到产权交易机构对意向受让方的确认意见之日起10个工作日内书面回复。对确认意见有异议的,应当向产权交易机构提出书面意见,说明理由并提交相关证明材料。逾期未回复的,视为同意。

产权交易机构与转让方对确认意见未达成一致的,由转让行为批准单位决定。

第二十二条 产权交易机构应当以书面形式将确认结果告知意向受让方。

第二十三条 经确认的意向受让方,按照公告要求交纳交易保证金后,成为合格意向受让方。未按照公告要求交纳交易保证金的,视为放弃。

第四节 受让方产生及合同签订

第二十四条 正式披露公告期满,产生两个及以上合格意向受让方的,合格意向受让方即成为竞买人,由产权交易机构依据公告的竞价方式组织竞价。正式披露公告期满,只产生一个合格意向受让方的,交易双方按照转让底价与合格意向受让方报价孰高原则确定交易价格。

第二十五条 产权转让可以采取网络竞价、拍卖、招投标以及其他竞价方式。转让方应当结合标的特点、市场形势、交易成本等因素,合理确定竞价方式。

第二十六条 产权交易机构负责竞价活动的组织协调工作,并对竞价活动进行见证。

第二十七条 产权交易机构应当制定转让标的企业原股东行使优先购买权相关操作细则,并对外公布。原股东不放弃优先购买权的,应当按照相关操作细则行使优先购买权。

第二十八条 受让方根据竞价结果及优先购买权行使情况产生。产权交易机构应当在受让方确定后5个工作日内,组织交易双方签订产权交易合同。

第二十九条 产权交易合同条款包括但不限于以下内容:

（一）交易双方的名称与住所；

（二）转让标的基本情况；

（三）产权转让的方式；

（四）标的企业职工有无继续聘用事宜及相关安排；

（五）标的企业的债权、债务处理；

（六）交易价格、付款方式及付款期限；

（七）产权交割事项；

（八）生效条件；

（九）争议的解决方式；

（十）违约责任；

（十一）公司变更登记手续安排及逾期变更的责任；

（十二）变更和解除的条件。

第三十条 交易双方不得在产权交易合同中或以其他方式约定股权回购、利益补偿等内容，不得以交易期间标的企业经营性损益等理由对已达成的交易条件和交易价格进行调整。

第三十一条 产权交易机构应当依据法律法规的相关规定，按照产权转让公告的内容以及交易结果等，对产权交易合同进行核校。

第五节 交易资金结算

第三十二条 交易资金包括交易保证金和交易价

款，应当以人民币为计价单位，通过产权交易机构指定结算账户以货币进行结算。

交易双方因特殊情况不能通过产权交易机构结算交易价款的，转让方应当向产权交易机构提供转让行为批准单位的书面意见以及受让方付款凭证。

第三十三条 产权交易机构应当开设独立的结算账户，组织收付交易资金，保证结算账户中交易资金的安全，不得挪作他用。

第三十四条 受让方交纳的交易保证金可以按照产权交易合同的约定转为交易价款的一部分。

未能成为受让方的其他意向受让方，其交纳的交易保证金由产权交易机构按照公告要求一次性返还。

第三十五条 受让方原则上应当自合同生效之日起5个工作日内一次付清交易价款。

交易价款金额较大、一次付清确有困难的，可以采取分期付款方式。采取分期付款方式的，首付交易价款数额不低于总价款的30%，并在产权交易合同生效之日起5个工作日内支付；其余款项应当提供转让方认可的合法有效担保，并按照不低于同期贷款市场报价利率支付延期付款期间的利息，付款期限不得超过1年。

第三十六条 产权交易机构应当按照约定及时向转让方划出交易价款。

第六节 交易凭证出具及变更登记办理

第三十七条 交易双方签订产权交易合同，受让方依据合同约定支付交易价款，且交易双方支付服务费用后，产权交易机构在3个工作日内出具交易凭证。

第三十八条 交易凭证应当载明：转让标的名称、项目编号、转让方名称、受让方名称、转让底价、转让标的评估结果、交易价格、成交方式、支付方式、产权交易机构鉴证结论等内容。

第三十九条 产权交易机构应当在出具交易凭证后，将交易结果通过网站对外公告。公告内容包括交易标的名称、转让标的评估结果、转让底价、交易价格，公告期不少于5个工作日。

第四十条 交易凭证出具后，转让方应当按照相关规定办理企业国有产权变动登记及市场主体变更登记手续，受让方、产权交易机构应当配合并提供材料。

第三章 企业增资

第一节 增资决策与批准

第四十一条 企业增资应当进行可行性研究，制定增资方案，按照企业章程和相关管理制度履行内部决策程序，并形成书面决议。

第四十二条 增资企业可以结合公司发展战略、企业经营需要等合理设置投资方资格条件，但不得有明确指向性或者违反公平竞争原则。

第四十三条 增资方案应当包括：

（一）增资企业基本情况；

（二）增资企业功能定位、发展战略；

（三）拟募集资金规模、用途；

（四）增资后公司的股权结构及治理结构安排；

（五）投资方应具备的条件、选择标准及遴选方式；

（六）其他相关内容。

第四十四条 企业增资的募集资金应当为投资方实缴出资金额。

第四十五条 增资企业履行内部决策程序后，应当按照《办法》第三十四条、第三十五条相关规定履行批准程序。

第四十六条 增资企业应当委托具有相应资质的中介机构开展审计和资产评估工作，并在投资方遴选前完成资产评估核准或备案程序。

第二节 信息披露

第四十七条 增资企业根据企业实际情况和工作进

度安排，通过产权交易机构网站对外披露增资信息，公开征集投资方。信息披露可采取预披露和正式披露相结合的方式，或直接进行正式披露。

第四十八条 增资企业应当向产权交易机构提交信息披露公告所需相关材料。产权交易机构应当对增资企业提交的材料进行完整性与规范性审核。符合信息披露要求的，产权交易机构依据增资企业提交的材料对外发布公告。不符合要求的，产权交易机构应当告知增资企业进行调整。

第四十九条 增资企业应当按照《办法》第三十九条相关规定披露信息，并可以在正式披露公告中提出交纳交易保证金的要求，明确交易保证金的金额、交纳时间及处置方式。

第五十条 除正式披露公告及公告所涉内容的相应材料外，增资企业还可以向产权交易机构提交与增资相关的其他材料备查，并在公告中明确意向投资方获取上述材料的方式。

第五十一条 增资企业应当明确信息披露公告的期限。直接进行正式披露的，公告时间不少于40个工作日。采取信息预披露和正式披露相结合方式的，合计披露时间不少于40个工作日，其中正式披露公告时间不少于20个工作日。

第五十二条 正式披露公告期间,增资企业不得擅自变更公告内容。因特殊原因确需变更的,应当由增资行为批准单位出具文件。公告内容变更后,公告时间重新计算。

第五十三条 正式披露公告期间,增资企业股权结构、财务状况、经营管理情况等发生变化,可能对增资企业产生重大影响时,增资企业应当及时调整补充披露信息内容。补充公告时间不少于10个工作日,累计披露时间不少于原公告要求的期限。

第五十四条 正式披露公告期满未征集到意向投资方,且不变更公告内容的,增资企业可以按照公告要求延长公告时间,每次延长时间不少于5个工作日。未在公告中明确延长时间的,公告到期自行终结。

第三节 意向投资方确认

第五十五条 意向投资方应当在正式披露公告期限内,向产权交易机构提出投资申请并提交相关材料,产权交易机构应当对意向投资方逐一进行登记。

第五十六条 意向投资方可以到产权交易机构查阅公告所涉及内容和相应材料。

第五十七条 产权交易机构应当对意向投资方提交的材料进行完整性与规范性审核,并在正式披露公告期满5个工作日内,将意向投资方的登记及确认情况书面告知增资企业。

第五十八条 增资企业应当在收到产权交易机构对意向投资方的确认意见之日起10个工作日内书面回复。对确认意见有异议的,应当向产权交易机构提出书面意见,说明理由并提交相关证明材料。逾期未回复的,视为同意。

产权交易机构与增资企业对确认意见未达成一致的,由增资行为批准单位决定。

第五十九条 产权交易机构应当以书面形式将确认结果告知各意向投资方。

第六十条 经确认的意向投资方,如公告中要求交纳交易保证金的,在交纳交易保证金后,成为合格意向投资方。未按照公告要求交纳交易保证金的,视为放弃。

第四节 投资方遴选

第六十一条 正式披露公告期满,产生符合公告要求的合格意向投资方的,增资企业应当依据公告的条件和方式启动遴选活动。

第六十二条 企业增资的遴选方式包括竞价、竞争性谈判、综合评议等。增资企业可以单独、组合或者多轮次使用上述遴选方式。

第六十三条 增资企业应当依法合规开展遴选活动，保障各合格意向投资方平等参与权利。选择战略投资方主要关注企业发展战略、经营目标、主营业务等方面的匹配和协同情况。选择财务投资方主要关注资金实力和财务状况等。

第六十四条 增资企业应当制定遴选实施方案，明确择优原则、择优指标等内容，由产权交易机构审核后发送给各合格意向投资方。

第六十五条 产权交易机构负责遴选活动的组织、协调及见证工作，按照方案组织遴选活动，统一接收合格意向投资方的响应文件和报价文件，协助增资企业开展投资方遴选的相关工作，形成遴选结果书面文件。

第六十六条 增资企业股东会或董事会应当以经核准或备案的资产评估结果为基础，结合遴选结果确定投资方。增资企业应当在投资方确定后5个工作日内，将结果书面告知产权交易机构。

第五节 增资协议签订

第六十七条 产权交易机构在收到投资方确定的书面结果后5个工作日内，组织交易各方签订增资协议。

第六十八条 增资协议合同条款包括但不限于以下

内容：

（一）交易各方的名称与住所；

（二）增资企业基本情况；

（三）投资方实缴出资金额；

（四）出资方式及支付要求；

（五）增资前、后各股东注册资本金金额及其对应的持股比例（股份数）；

（六）公司治理结构安排；

（七）投资方为增资企业发展投入的资源；

（八）遴选活动达成的其他相关条款；

（九）公司变更登记手续安排；

（十）生效条件；

（十一）争议的解决方式；

（十二）违约责任；

（十三）变更和解除的条件。

第六十九条　交易各方不得在增资协议中或以其他方式约定股权回购、股权代持、名股实债等内容，不得以交易期间企业经营性损益等理由对已达成的交易条件和交易价格进行调整。除另有规定外，国家出资企业及其子企业参与增资活动的，不得为其他股东提供借款、担保等资金支持。

第七十条　产权交易机构应当依据法律法规的相关

规定，按照增资公告的内容以及遴选结果等，对增资协议进行核校。

第六节 交易资金结算、凭证出具及变更登记办理

第七十一条 企业增资交易价款可以通过产权交易机构指定的账户进行结算，具体工作流程参照本规则关于企业产权转让交易资金结算相关规定执行。

第七十二条 投资方应当在增资协议生效之日起10个工作日内按照约定一次性实缴出资。

第七十三条 交易各方签订增资协议，投资方依据协议约定实缴出资，且交易各方支付服务费用后，产权交易机构在3个工作日内出具交易凭证。

第七十四条 交易凭证应当载明：项目名称、项目编号、增资企业名称、增资前后注册资本、增资前后股东数量、投资方名称、实缴出资金额、持股比例或股份数额、产权交易机构鉴证结论等内容。

第七十五条 产权交易机构应当在出具交易凭证后，将增资结果通过网站对外公告。公告内容包括项目名称、投资方名称、实缴出资金额、持股比例或股份数额等，公告期不少于5个工作日。

第七十六条 增资完成后，增资企业应当按照相关

规定办理企业国有产权变动登记及市场主体变更登记手续，投资方、产权交易机构应当配合并提供材料。

第四章 企业资产转让

第七十七条 国家出资企业负责其各级子企业的资产转让管理。国家出资企业应当根据所处行业特点、子企业情况、资产类别及分布等因素，制定本企业资产转让的管理制度，明确资产转让管理的职责部门、管理权限、决策程序、工作流程，对其中应当在产权交易机构公开转让的各类资产的种类、金额标准等作出具体规定。

第七十八条 资产转让应当按照国家出资企业相关管理制度和企业章程履行决策程序。

第七十九条 资产转让按照规定应当进行资产评估的，由转让方委托具有相应资质的中介机构开展资产评估工作，并完成资产评估备案程序。按照规定可以不进行资产评估的，转让方应当明确定价依据。

第八十条 产权交易机构发布资产转让信息披露公告，应当包括但不限于以下内容：

（一）转让标的基本情况；

（二）转让底价、价款支付方式和期限要求、交易保证金设定等交易条件；

（三）竞价方式；

（四）资产展示安排；

（五）其他需要披露的事项。

除法律法规或相关规定另有要求的外，资产转让不得对受让方设置资格条件。

第八十一条 转让方应当明确信息披露公告的期限。

资产转让底价低于100万元的，公告时间不少于5个工作日；转让底价高于100万元（含）且低于1000万元的，公告时间不少于10个工作日；转让底价高于1000万元（含）的，公告时间不少于20个工作日。

第八十二条 信息披露期满未征集到意向受让方，调整转让底价后重新披露信息的项目，首次信息披露转让底价低于1000万元的，公告时间不少于3个工作日；首次信息披露转让底价高于1000万元（含）的，公告时间不少于5个工作日。

第八十三条 资产转让意向受让方确认、受让方产生、交易凭证出具及变更登记办理等具体工作流程参照本规则关于企业产权转让的相关规定执行。

第八十四条 交易价款原则上一次性支付到产权交易机构指定结算账户。一次付清确有困难的，经国家出资企业同意,可以参照企业产权转让的相关规定,采取分期付款方式,并采用有效措施确保价款按期回收。

第八十五条 交易双方应当按照资产交易合同或其他成交确认文件的约定,及时完成标的资产的交付工作。转让标的权属转移需进行变更登记的,应当按照国家有关规定办理变更登记手续。

第五章 其他规定

第八十六条 企业国有资产交易过程中,交易相关各方应当对所提交材料的真实性、完整性、准确性、有效性负责。

第八十七条 企业国有资产交易项目相关工作人员及有关联关系的关联方拟参与交易的,应当符合企业领导人员任职回避等有关规定,且不得参与方案制定、审批和组织实施等工作。

第八十八条 企业产权转让、企业增资导致国家出资企业及其子企业失去标的企业实际控制权的,交易完成后标的企业不得继续使用国家出资企业及其子企业的名称字号、经营资质和特许经营权等无形资产,不得继续以国家出资企业子企业名义开展经营活动。上述要求应当在信息披露公告中作为交易条件予以明确,并在交易合同中对市场主体变更登记、名称字号变更等安排作出相应约定。

第八十九条 信息披露期间出现影响交易活动正常进行的情形，或者有关当事人提出中止信息披露书面申请和相关材料后，产权交易机构可以作出中止信息披露的决定。中止期限一般不超过30日。经转让方、增资企业申请恢复后的公告时间不少于10个工作日，累计披露时间不少于原公告要求的期限。

第九十条 企业国有资产交易涉及主体资格审查、反垄断审查、公平竞争审查、特许经营权、国有划拨土地使用权、探矿权和采矿权等情形，需经政府相关部门批准的，交易各方应当将交易合同及相关材料报政府相关部门批准。

第九十一条 产权交易机构应当对企业国有资产交易活动中所形成的各种记录材料形成业务档案，并统一留存、保管。

第九十二条 产权交易机构应当制定交易服务收费标准，向社会公开。

第九十三条 除公告披露的信息外，交易各方、产权交易机构、中介机构以及各相关方应当对在企业国有资产交易过程中获悉的相关情况承担保密义务。

第九十四条 企业国有资产交易过程中发生争议

的，当事方可以向产权交易机构申请调解。调解未达成一致的，可以向仲裁机构申请仲裁或者向人民法院提起诉讼。

第九十五条　国资监管机构发现转让方或增资企业未执行或违反相关规定、侵害国有权益的，应当责成其停止交易活动。造成国有资产损失的，承担相应违法违规责任；构成犯罪的，依法追究其刑事责任。

第六章　附　　则

第九十六条　本规则所提及的公告期限，以产权交易机构网站发布当日为起始日，累计公告时间不少于相关规定要求。

第九十七条　企业国有资产交易采取非公开协议方式进行的，应当按照国资监管相关规定执行。

第九十八条　企业国有资产交易涉及上市公司的，应当同时遵守上市公司国有股权管理以及证券监督管理机构相关规定。

第九十九条　本规则自印发之日起施行。2009年6月15日印发的《企业国有产权交易操作规则》同时废止。